VIe CONGRÈS NATIONAL DES PÊCHES MARITIMES
TUNIS — 1914

Ire SOUS-SECTION

Les Moteurs à Combustion Interne

A MOYENNE PRESSION

Leur emploi dans les embarcations de pêche au Danemark

Par M. G. LUMET

Ingénieur des Arts et Manufactures

Chef du laboratoire d'essais de l'Automobile Club de France

Les moteurs à mélange tonnant utilisant le pétrole lampant, employés pour la propulsion des embarcations de pêche, peuvent se diviser en deux grandes familles :

1° Ceux dans lesquels le mélange tonnant est préparé extérieurement au moteur dans un gazéificateur ;

2° Ceux dans lesquels le combustible liquide est injecté directement dans le moteur.

Les moteurs de la première famille font l'objet d'un autre rapport et je n'en parlerai pas.

Les moteurs de la deuxième famille peuvent eux-mêmes être rangés dans deux classes :

a) La classe des moteurs à quatre temps.

b) La classe des moteurs à deux temps.

Pour les moteurs de ces deux classes, on ne peut dire que

le mélange d'air et de vapeur de pétrole constitue, à l'intérieur du moteur, un *mélange explosif*. Le phénomène de combustion ne présente pas, en effet, le caractère explosif qui se manifeste dans les moteurs à mélange tonnant de la première famille.

Le phénomène est, plus exactement, une combustion rapide et dont le degré de rapidité est fonction, notamment, de la compression préalable de l'air.

C'est, en effet, de l'air pur ou presque pur, si l'on considère qu'il est toujours mélangé à un résidu des gaz d'échappement de l'explosion précédente, que le piston comprime dans l'un ou l'autre des types caractéristiques de classes a et b.

La compression de cet air, à un taux de compression assez élevé, élève sa température de telle sorte qu'au moment où le pétrole est injecté sous pression à la fin de la phase de compression, il se manifeste une combustion spontanée du pétrole. C'est alors qu'intervient aussi la boule creuse régulatrice d'allumage qui, placée au sommet de la chambre d'explosion, et en communication immédiate avec elle, amorce l'allumage du mélange combustible du fait de sa paroi plus chaude que celle du reste de la culasse, refroidie par la chambre d'eau qui l'entoure. Dans la classe des moteurs à quatre temps, le rapport de compression volumique n'est pas très élevé ; il est de l'ordre de grandeur de 1 à 8 au maximum.

La boule régulatrice a un rôle très actif dans ce type de moteurs ; de plus, la vitesse linéaire du piston est toujours peu élevée. La combustion peut, dans ces conditions, être suffisamment lente, quoique complète, et l'intervention de l'injection d'eau chargée d'atténuer la brutalité de l'impulsion, provoquée par une combustion trop vive, ne s'impose pas.

Dans la classe des moteurs à deux temps, au contraire, le rapport de compression volumique tend à croître et atteint pour certains moteurs la valeur de 1 à 12. Là, le rôle de la boule régulatrice est moins actif, mais la rapidité de la combustion croissant, et la brutalité du phénomène étant, à juste titre, redoutée, l'injection d'eau est pratiquée comme le faisait Banki dans son moteur.

Une conséquence, fort intéressante, de l'emploi de la compression élevée est l'économie dans la consommation et je donne plus loin des chiffres à cet égard.

Je veux seulement faire remarquer que ce n'est pas le fait d'une pression maxima, plus élevée, qui entraîne la diminution de la consommation spécifique, mais bien la possibilité de l'utilisation de mélanges plus pauvres en combustible. Cette possibilité résulte de l'élévation de la compression qui a pour effet de permettre la combustion de mélanges pauvres qui, sans cet état physique favorable, ne s'enflammeraient pas ou, du moins, seraient dans des conditions défavorables de combustion complète et suffisamment rapide.

Ce sont les moteurs de la classe b, que l'on a quelquefois désignés sous le nom de « Semi-Diesel » et que nous définissons plus exactement sous le nom de « Moteurs à combustion interne à moyenne pression ».

Une question peut se poser, qui est la suivante : « De même « que les moteurs utilisant le cycle Diesel se construisent « soit à deux, soit à quatre temps, pourquoi les moteurs à « combustion interne à moyenne pression utilisent-ils le « cycle à deux temps exclusivement ? »

D'abord, il faut reconnaître que les moteurs à quatre temps de la classe a sont également des moteurs à combustion interne à moyenne pression, mais limitée.

Enfin, il faut considérer que, dans l'évolution logique de

la construction vers la pression moyenne toujours plus grande, deux arguments entrent en ligne qui orientent cette construction vers le deux temps.

D'une part, l'élévation de la pression moyenne conduit, en effet, à accroître la résistance des organes et par suite le poids du moteur ; d'autre part, les soupapes s'accommodent mal des hautes températures et leur suppression ne peut que contribuer à la simplicité et à la robustesse du moteur, qualités de premier ordre dans le moteur marin.

***

Avant d'exposer, sous forme très résumée, les données que j'ai pu recueillir au cours d'une mission, qui m'a été confiée en 1912, par M. le Ministre de la Marine, à l'exposition des moteurs marins de Copenhague, je tiens à signaler que, depuis un an, les constructeurs français ont fait les plus grands efforts dans la voie de la construction des moteurs à combustion interne à moyenne pression que nous avons rangés dans la classe b.

L'Exposition internationale des industries de la pêche maritime, qui aura lieu à Boulogne-sur-Mer, cette année, et qui permettra aux congressistes de poursuivre leurs travaux, en les complétant, grâce à une documentation intéressante, groupée sous leurs yeux, renfermera plusieurs moteurs français de ce type.

Plusieurs de nos grandes usines de construction de moteurs et de nos grands chantiers de construction navale exposent, en effet, des moteurs de ce type.

C'est ainsi que nous pouvons citer les maisons Delaunay-Belleville, Pilter, Bonnet, Glaenzer et Perreaud (système Bachrich-Huber), les Chantiers de Bretagne, les Forges et Chantiers de la Méditerranée, les Chantiers de la Manche, qui, entre autres, poursuivent la construction du moteur destiné aux embarcations de pêche, dont le succès s'affirme de plus en plus au Danemark, en Suède et en Norvège.

L'Angleterre suit, d'ailleurs, la même voie et, à la toute récente exposition de l'Olympia, j'ai pu voir dans deux stands, chez Brooke et chez Ailsa Craig, de ces types de moteurs que l'on appelle d'ailleurs « Semi-Diesel », et qui fonctionnent toujours à deux temps.

D'après les renseignements que j'ai recueillis, je puis indiquer aussi que les maisons anglaises Tanguy, Hornsby, Blackstone, Britannia, Gardner, Ruston Procter, construisent des moteurs marins du même type.

Voici donc une industrie désormais en complet développement et nous savons quelles sont nos ressources en moteurs.

Entrant, maintenant, dans le domaine de l'application, nous devons nous tourner vers les pays du Nord, chez qui nous pouvons puiser les plus précieux enseignements.

La flottille de pêche au Danemark

M. Lucien Sandrier, vice-consul à la légation de France, a bien voulu, à ma demande, procéder à une enquête près de l'inspection des pêches au Danemark et les résultats de cette enquête m'ont été fournis par lui et sont exposés ci-dessous :

La pêche maritime au Danemark diffère complètement de la pêche en France. Les pêcheurs danois ne disposent pas, comme en France, de la haute mer dès la sortie du port, ils ont de longs fjords, des détroits à leur disposition ; leur pêche est côtière et ils ne s'éloignent pas à plus de 80 milles en mer ; ils pêchent surtout avec des sennes, des harouelles, des nasses, des engins fixes, mouillés le soir, relevés le lendemain à la corde également.

Il n'y a que 6 *chalutiers* et qui sont stationnés dans des ports anglais, car le poisson pêché au chalut est invendable au Danemark. Il y a à bord de tous cotres et barques de pêche des *viviers*. La vente a toujours lieu, en effet, à l'état frais et le poisson est généralement vivant. En outre, la plus grande partie de la pêche est exportée sur l'Allemagne et sur Londres également à l'état frais. Il n'y a point de stocks. Les ventes ont généralement lieu à la commission.

Les Danois ont abandonné complètement aux Norvégiens la grande pêche aux cétacés ; il n'y a donc pas de grande pêche maritime, car les pêcheurs sujets danois des îles Feroe et de l'Islande qui pêchent la morue sur les bancs, à peu de distance de leurs côtes, font une pêche également côtière. Ces renseignements sont nécessaires à connaître pour la compréhension nette des chiffres des bateaux à moteurs, l'absence de chalutiers, etc.

Il existait en 1912, au Danemark, 305 cotres et cutters à moteurs de 50 à 100 tonneaux de jauge brute et généralement de 50.

La flotte de pêche danoise, pour 1911, se composait :

De 350 bateaux de 50 à 15 tonneaux ;

De 900 bateaux de 15 à 5 tonneaux ;

12 à 15,000 petites barques et similaires.

On admet que, sur ces totaux, il y a actuellement 2,500 embarcations à moteurs et 305 grosses barques ou cotres à moteurs.

Les moteurs varient de 3 à 35 chevaux suivant le tonnage de l'embarcation.

Les moteurs à bord des bateaux de pêche danois sont des moteurs *Dan*.

Aux îles Feroe, les cotres à voiles sont de 50 à 100 tonneaux brut, très peu à moteurs ; les embarcations de 5 à 10 tonneaux y sont le plus souvent à moteur. En 1911, 142 cotres, 120 bateaux à moteurs et environ 1,600 barques à rames ont pris part aux opérations de pêche aux Feroe, sous pavillon danois.

Vue de l'exposition des embarcations à flot à Copenhague.

Vue de l'exposition des embarcations à flot à Copenhague.

Vue de l'exposition des embarcations à flot à Copenhague

Vedettes à moteur dans le port de Copenhague.

Le nombre des embarcations de plaisance à moteurs au Danemark est estimé à environ 40 portant le pavillon danois car un très grand nombre d'autres qui échappent à la statistique se trouvent dans les ports danois avec le pavillon allemand ou suédois. A bord de ces embarcations, les moteurs vont de 5 à 37,5 chevaux et en moyenne de 10 et 12 chevaux. Les principaux types de moteurs pour embarcations de plaisance sont : Wolverine, Daimler, Buffalo, Böchmann, Nielsen, Kelvin, Dürkop, Gardner, Körting.

Il est intéressant de rapprocher ces chiffres de ceux que citait M. B. Cruchon dans une étude parue dans le *Bulletin de la L. M. F.*, chiffres qui avaient été recueillis par M. l'enseigne de vaisseau Guibaud auprès du Registrerings og Stribsmaalings-Bureauet.

Les chiffres que j'ai recueillis complètent heureusement le tableau ci-dessous et manifestent la progression constante du nombre des applications du moteur.

Nombre de bateaux de pêche à moteurs du Royaume de Danemark

Date	Nombre	
1er janvier 1911	1.866	Dont 230 de plus de 20 R. T. B. ayant les moteurs suivants :

Puissance des moteurs	Nombre de bateaux
30 à 40 chevaux	11
20 à 30 —	35
10 à 20 —	100
5 à 10 —	16
4 à .. —	68
	230

Novembre 1911	2.140	

N.-B. — La progression moyenne pour chacun des mois de la période envisagée est donc de 27 unités.

Mai 1912	2.500	

N.-B. — La progression moyenne pour chacun des mois de la nouvelle période envisagée est donc de 60 unités.

Observations sur les moteurs

Les moteurs marins pour barques de pêche ou de plaisance, utilisés en Danemark, peuvent être rangés dans deux grandes catégories :

Ceux qui utilisent le cycle à quatre temps ;

Ceux qui utilisent le cycle à deux temps.

Parmi les spécialistes du cycle à quatre temps, M. P. Jorgensen, le constructeur du moteur Dan, est au premier rang.

Il reconnaît volontiers que les moteurs à deux temps sont plus économiques, mais indique que cette qualité se manifeste surtout au début de leur fonctionnement.

Dans ces moteurs, la compression est élevée et, après une certaine usure, le taux de compression diminuerait et le moteur deviendrait moins économique.

Le moteur à quatre temps revendique une régularité plus grande dans le fonctionnement, au point de vue consommation.

A Copenhague même, le Dan est très employé et la firme qui le fabrique construit 200 à 300 moteurs par an.

A l'exposition de Copenhague, en 1912, figurait le premier moteur « Dan » construit, il date de 25 ans.

Le commandant Soling, membre du Comité de l'exposition, qui a bien voulu m'accompagner lors d'une de mes visites à la section des moteurs, m'a indiqué qu'il avait employé à son bord le même moteur Dan pendant douze années.

Parmi les moteurs figurant à l'exposition et utilisant le cycle à quatre temps, je puis citer le moteur Gideon (Kramper et Jorgensen), Hein, de Randers ; Penta, de Copenhague ; Wolverine, Thornycroff. La firme Kramper et Jorgensen fabrique environ 800 moteurs par an, principalement pour l'exportation. Il en est de même pour la firme Hein.

Les spécialistes du cycle à deux temps revendiquent pour leurs moteurs l'économie dans la consommation, la robustesse, l'absence de tous organes susceptibles de réglage, soupapes, etc., la souplesse de fonctionnement. Il est un fait certain qui est que les résultats du concours fait à l'occasion de l'exposition donnent raison aux défenseurs du deux temps. (Un tableau annexé donne les principaux résultats du concours).

La consommation spécifique de ce type est, en général, voisine de 250 grammes de pétrole au cheval-heure, alors qu'elle atteint 350 et même 400 grammes pour le type à quatre temps.

Il faut dire que le type à deux temps se rapproche de plus en plus du cycle Diesel et que la pression de compression atteint parfois 12 kilogrammes : centimètres carrés comme dans le moteur Tuxham.

Parmi les moteurs utilisant ce cycle présentés à l'exposition, je puis citer les moteurs Bolinder, de Stockholm ; Tuxham, de Copenhague ; Hexa, de Copenhague ; Aktiv (Möller et Jochumsen), de Copenhague ; Neptun, de Copenhague ; Avance ; Svea.

Plusieurs des firmes qui construisent ces moteurs commencent à construire également le moteur type Diesel. On signale cette évolution notamment chez Bolinder, et cela en vue de la suppression de l'allumage par la lampe lors de la mise en route, et aussi chez Möller et Jochumsen (Aktiv), et chez Hein. Plusieurs de ces moteurs utilisent l'injection d'eau, notamment le moteur Neptun qui date de deux ans, le moteur Tuxham.

Il m'a été donné de voir ce dernier tourner à vide ; sa boule d'allumage était noire, il fonctionnait avec une régularité et une douceur remarquables. Le combustible employé était le Crud-Oil et aucune fumée n'était visible à l'échappement. La firme Tuxham exporte en Amérique environ 150 moteurs par an.

La firme Bolinder, qui est la plus répandue pour le type à deux temps, indique qu'elle a 5,500 moteurs de sa marque en fonctionnement. Cette marque est préférée en Suède et en Russie.

La marque suédoise Svea construit des deux temps très voisins du Bolinder. D'ailleurs, tous les deux temps ont un même air de famille et participent de la même construction. (Mietz et Wiess, Kromhout, J. V. Svenson).

La firme Avance est, après Bolinder, celle qui, pour le type à deux temps, a la plus grande production dans les pays scandinaves.

Conclusions

Un fait qui frappe est la sécurité de fonctionnement de la multitude de barques de pêche et de vedettes qui sillonnent les eaux danoises et le port de Copenhague. Je joins à mon rapport un certain nombre de photographies qui montrent les types principaux d'embarcations mues par des moteurs à pétrole.

Je ne puis que répéter ce que j'ai eu l'occasion d'exposer dans plusieurs rapports (Congrès des applications du moteur dans la marine, décembre 1908, Congrès des Pêches des Sables-d'Olonne, septembre 1909), qu'il nous faut déplorer le développement si insuffisant des applications du moteur à l'industrie de la pêche.

A mon avis, il faut rechercher les raisons de cette situation dans trois ordres de faits principaux :

1° La résistance opposée par les pêcheurs à l'adoption de

principes nouveaux, leur répugnance à se soumettre aux exigences d'une industrialisation de la pêche.

Je considère que cette résistance serait vaincue si certaines initiatives d'armateurs se manifestaient et aussi si une surveillance plus active de la pêche était exercée sur les côtes par vedettes automobiles rapides.

2° La pénurie de moteurs marins de construction française.

Les constructeurs de moteurs sont nombreux en France et l'industrie de l'automobile y est particulièrement prospère, mais les constructeurs français ont trop souvent pensé que les débouchés du moteur à pétrole lampant étaient de peu d'importance et ils négligeaient volontairement, jusqu'à ce jour, d'orienter leur construction vers ce type de moteurs.

3° La législation douanière n'est pas favorable au développement des applications du moteur à pétrole.

Dans une étude comparative des principaux carburants, publiée tout récemment par M. Guiselin, secrétaire de la Commission internationale d'étude des dérivés du pétrole, il est dit au sujet de l'admission temporaire :

« Au *Bulletin des Lois*, n° 1565, page 1522, on pouvait « lire, il y a 17 ans, que la loi de 1893, dans son article 4, « accordait au pétrole le bénéfice de l'admission temporaire « qui serait réglée par un règlement d'administration « publique. Or, nous attendons encore ce règlement.

« Actuellement, certaines facilités sont accordées aux raf- « fineurs qui peuvent vendre aux pêcheurs des essences et « des produits lampants pour lesquels la réexportation est « autorisée, mais ces malheureux entrepositaires sont quel- « quefois soumis à des règlements de police qui les empê- « chent de continuer leur commerce.

« Ces vexations, qui prennent toutes leur base dans l'igno- « rance des dangers réels que peuvent procurer les produits « dérivés du pétrole, ont eu jusqu'ici des effets déplorables,

« ils ont enrayé en grande partie le mouvement considérable « qui s'était créé un moment vers l'emploi des moteurs à « explosions comme moteurs marins. »

A mon avis, il serait particulièrement intéressant d'établir ce règlement d'administration publique et de donner, par cela même, plus de facilité aux armateurs, notamment en créant, dans les différents ports, des entrepôts fictifs qui permettraient d'alimenter facilement tous les bateaux de pêche munis de moteurs.

C'est cette dernière conclusion que je propose au vote du Congrès.

Résultats des essais du concours de moteurs marins Copenhague 1912

DÉSIGNATION DU MOTEUR	Avance	Bolinder	Tuxham	Hein	Hexa	Dan	Neptune	Gideon	Originalmotor Bergsund
Puissance à pleine charge en chevaux	45,8	82,6	28,6	10,13	10,77	11,0	8,59	10,9	17,69
Puissance à demi-charge en chevaux	24,5	42,1	14,95	5,53	6,08	6,60	4,55	6,1	9,14
Consommation spécifique à pleine charge, en combustible, en gr.: ch. h...............	249,1	248,8	256,0	330,0	367,0	420	318	393	269,1
Consommation spécifique à demi-charge, en combustible, en gr.: ch. h................	301,4	311,6	323,0	377,0	442,0	476	472	544	303,4
Consommation spécifique à pleine charge, en huile de graissage, en gr.: ch. h.........	10,9	13,83	6,5	13,4	32	37,8	19,6	22	9,1
Consommation spécifique à demi-charge, en huile de graissage, en gr.: ch. h	22,4	7,43	10,7	26,8	64	»	»	50	»
Temps de mise en route.	11^m 40^s	12^m 46^s	17^m	7^m	16^m 2^s	14^m	12^m	11^m 30^s	12^m 25^s

Orléans — Imp. Aug. Gout et Cie

www.ingramcontent.com/pod-product-compliance
Lightning Source LLC
LaVergne TN
LVHW052041160826
845678LV00003B/1465

* 9 7 8 2 3 2 9 6 2 6 2 0 8 *